AF416982

9 789948 758082

كنَهْرٍ ناعِسٍ في الظّمَأ

طارق محمود

# كنَهْرٍ ناعِسٍ في الظّمَأ

شعر

إصدارات دائرة الثّقافة، حكومة الشارقة 2024 م

الناشر: دائرة الثقافة ـ حكومة الشارقة ـ الإمارات العربية المتحدة

الهاتف:971 6 5123333+

البرّاق: 971 6 5123303+

الموقع الإليكتروني: www.sdc.gov.ae

البريد الإليكتروني: sdc@sdc.gov.ae



--------------------

811.962

م ط. ك        محمود، طارق

كنهر ناعس في الظمأ / طارق محمود .ـالشارقة، الإمارات العربية المتحدة : دائرة الثقافة، 2024.

196 ص. ؛ 21x14 سم.

1. الشعر العربي – مصر ـدواوين وقصائد

أ. العنوان

ISBN: 978-9948-758-08-2

# تصدير

كانَ نهْراً له ضِفّتانِ

وأُمٌّ سَماويّةٌ أرْضَعَتهُ السّحَابَ المُقَطَّرَ..

لكنّهمْ خَطفوا أُمَّهُ،

فأُصيبَ بسكْتةِ ماء

وماتَ، على مَهلِهِ، عَطشاً!!

**محمود درويش**

# إهْـــداء..

إلــى دمْعـةٍ في مَهـبِّ الجِراحِ
تَدَلَّتْ، على حزْنِهـا صَادقةْ!!

إلى عَابرٍ في الغَرامِ انْكسـاراً
ولمَّـا تـزلْ.. رُوحُـهُ شَـاهِقةْ

إلــى مَنْ يُصادقُ دمْـعَ المَنافي
لكـي يلْتقـي في الأسـى خَالقَهْ

إلى ورْدةٍ في فيافـي المَجَازِ
تُنــازعُ أشْـواكَها المَارِقـةْ

# مِنْ مَجازِ الحُزْن

غَفَا، كَمْ غَفا صَحْواً

ورَاوَدَهُ الكرَى

وفي غَيْمةِ النّسْيانِ..

جَفَّ لِيُمْطِرا


أتى شَاعِراً،

مِنْ كلِّ هَجْرٍ وغُرْبةٍ

وهَبَّ كريحِ الحُزْنِ حينَ تجَبّرا

وحيداً تجَلّى في ظلامِ فؤادِهِ

وما طَلَّ بَذْرٌ ما عليهِ،

ونَوّرا


يُسَافرُ دمْعاً

في جفونِ زمَانِهِ

ويمْشي

إلى أحْلامِهِ مُتَـعَثِّرا


وينْسابُ نَهْراً في سَبيلِ حَنينِهِ

فكمْ حَوّلَ الوَجْدُ الأحِبّةَ... أنْهُرا

مُكَبّلَةٌ فيهِ الحياةُ،

ومُوصَدٌ

كبابٍ بمفْتاحِ الضّياعِ تَسَكّرا


يُحبُّ الأساطيرَ النّديّة بالأسى

ويرْتاحُ للأشْياءِ ظَبْياً مُنَفَّرا


وما كانَ غيرُ الشّعْرِ خِلّاً بدرْبِهِ،

ولمْ يتّخِذْ إلّا القصيدةَ كي يرى

يُرَبّي عصافيرَ المَجازِ بروحِهِ

ويَزْدَادُ في بالِ الغُيومِ تَجَذُّرا



يُعلِّمُ جَفْنَ الليلِ... فَنَّ سُهادِهِ،

وعَنْ ذنْبِهِ بالحبِّ جَاءَ وكَفَّرا



تسيرُ لهُ النّاياتُ..

سيْرَ غمَامةٍ

إذا عَزَّ مَاءُ القلْبِ أنْ يَتَحَدّرا

وتغْشاهُ ليلاتٌ،

وتنْسَاهُ أنْجُمٌ
وتمْضي عليهِ سَاعةُ البيْنِ أشْهُرا


على مَوْعِدٍ في الحبِّ

ضَيَّعَ عمْرَهُ
وكمْ جَاءَ مَسْفوكَ الهَوى مُتَأخِّرا


لأنَّ فرَاشَ الوقْتِ أنْكَرَ ورْدَهُ
تكادُ تُسَمّيهِ المَواعيدُ مُنْكَرا

لقدْ كانَ فيما أوْرَثَ الحُزْنُ وِجْهةً
إلى حيثُ ما يهْفو يبَابٌ لِيُزْهِرا


يرُدُّ على الأيّامِ صُفْرةَ لوْنِها
ويرْجعُ من حَقْلِ الخَيالاتِ أخْضَرا


يمُرُّ على أحْبابِهِ
دونَ قلْبِهِ
فمِنْ فرْطِ ما لاقى الوَدَاعَ تبَخَّرا

وثَمَّ رياحينٌ..

تموتُ بنفْسِهِ

وثَمَّ صَباحٌ

مِنْ أَساهُ تَعَذّرا


تُمَنّي أغانيهِ اليتَامَى دموعَهُ

غداً،

قدْ يَمَلُّ الموْتُ أنْ يتَكرّرا

غداً يا أحبّائي

لعلَّ قصيدةً

تصيرُ مع الحُزْنِ المُوَجّجِ أشْعَرا


ستخْتارُ أزْهارُ الجِراحَاتِ عِطْرَها

وقدْ لا يشاءُ الحَظُّ أنْ تتَخَيّرا


على كلِّ شكْلٍ

كانَ ينْزفُ صَابراً

ولا دمْعَ في عينيهِ.. إلّا وأثْمَرا

ولا هَدْأةٌ للنهْرِ.. فيهِ تَعكَّرَتْ

وإلّا – وفاءً للجَمالِ – تَعَكّرا


ومُذْ صارَ نجْماً

في سَماءٍ شُجونِهِ

يسيرُ..

كما لوْ مِنْ أساةُ تَحَرّرا!!!

# تَلْويحَةٌ لأَبْنَاءِ الظَّمأ

«وإذا كانتِ النفوسُ كِباراً        تعبتْ في مُرادِها الأجسامُ»

أبو الطيب المُتنبي

وحيـدٌ في الطّريقِ.. وفي الطّريقة
ومُتّقـدٌ ضَبابُـكَ كـي تُريقَـهْ

تليـقُ عليـكَ أحْـزانُ الثَّكَالى
وتُعْجبـكَ الجِراحَـاتُ العَميقـةْ

ويبلـغُ فيـكَ هـذا الحـزنُ حَـدّاً
كمـا لـو كانَ حزنُـكَ بالسَّـليقة

وتـكْتُبُـكَ المَسَـاءاتُ اعْـتذاراً
لمذبـوحٍ على حُـلـمِ العَشـيقةْ

ويصْدحُ فيكَ هذا الموتُ: «خُذْني»
ويرْجـوكَ الغيـابُ لأنْ تذوقَـهْ

وتشـربُ منـكَ غيْماتٌ عَطاشى
ويطلـقُ فيـكَ هـذا الوَجْـدُ نُوقَهْ

ويـحْـتَـدمُ الـظَـلامُ لأنَّ نجْماً
تعلّـمَ منـكَ أنْ يخْفـي بريقَـهْ

وتُفضـي سَوْسَـناتٌ ذاتَ شوقٍ:
«تعبْنـا مِـن خيـالاتِ الحَديقَةْ»

وكنـتَ تُعـدُّ قلبـكَ كـوبَ شـايٍ
لسـيّـدةٍ لآخِـرهـا غريقَةْ

يُعرْبــدُ فيكَ مَجروحُونَ شــتّى
كأنَّــكَ شَــاربٌ هَــمَّ الخَليقــةْ

تنفَّسَــتِ السّــماءُ أســاكَ يومـاً
فصارتْ كلُّ دَاجيــةٍ صديقــةْ

وأوّلــكَ الغنـــاءُ بُــكاءَ ليلٍ
تيتّــمَ عندمـا سَـرقوا بُروقَــهْ

نعــم صَدَقَ الخَيالِيــونَ لمّــا
حكــوا للريــحِ أوجَـاعَ الحَقيقةْ

بنوا في الرّوحِ مَنْزلَهم وغابوا
ليعرفَ شَـاعرٌ مثلـي طريقَهْ

مشـوا فـي التّيـهِ جَائعـةٌ خُطاهمْ
وقبـلَ وصُولِهـم شَـمّوا رحيقَهْ

وجَرّحهـمْ كثيـراً أنَّ عُمْـراً
أضـاعَ بجَيـبِ عَتْمَتِهِ شُروقَهْ

تغنّـوا بالـوداعِ كمـا لقـاءٌ
شفيفٌ، رُوحُـهُ أبـداً طليقَـهْ

وفاتـوا خلـفَ أدْمُعهـمْ هواهـمْ
فبلّـلَ مِـن نَـدَاهُ الحـبُّ ريقَـهْ

ولحّنَهـمْ علـى (جيتـارِ) شعْـرٍ
فصـاروا بعْـضَ أبيـاتٍ رقيقَهْ

# رَقْصَةٌ على سُلَّمِ اليأْس

يَكادُ يقْفِزُ

مِنْ أيّامِهِ وَجَعا

وأوْشَكتْ رُوحُهُ

تَسْتَنْشِقُ الجَزَعا


وحاوَلتْ دمْعَةٌ

تنْسَلُّ في دمِهِ

وغَافلَتْهُ جِراحٌ حينما هَجَعا

وكانَ يُمْكنُ

للأحْزانِ تقْتلُهُ

إذ، ملْءَ نبْضَتِهِ، سِكّينُهُا لمَعا



وكانَ يُمْكنُ.. نسْيانٌ يُجَرّدُهُ

مِن الأحِبّةِ..

ظَنّاً أنّهُ شَبِعا

وكان يُمْكنُ..

ذئْبٌ ما يُبَاغتُهُ

وكان يُمْكنُ....

لوْلا الحَظُّ فيهِ سَعى!!


ولم يُجَرّبْ سوى تَسْهِيدهِ لُغةً
لكي يُحَدّثَ جَفْنَ الليلِ ما جَرَعا

وكان يمْشي

جريحاً نحْوَ عُزْلَتِهِ

مَشْيَ المُحَارب

إنْ مِنْ حَرْبِهِ رَجَعا


وكانَ يقْطعُ مشْوارينِ مِنْ وَلَهٍ

في كلِّ حبٍّ..

فيا خُسْرانَ ما قَطَعا

يبْدو كثيراً

بفِعْلِ الشَّوْقِ سَاقيةً

مَهْجُورةً

مِنْ قديمِ الحِسِّ مُذْ نَبَعا


وليس يَعْرفُ في جَنْبيْهِ بوْصَلةً

سوى حكاياتِ لُطْفِ اللهِ

حينَ دَعا

مُوَّجَّجٌ دائماً بالحلمِ،

يَجْرَحُهُ

وكلّما زادَ جرْحاً..

زادَهُ طَمَعا


كذلك النّاسُ،

إنْ ضَاقتْ مَواجِعُهمْ

بروحِهِمْ،

سَلّمُوا بالحُلْمِ مُتّسَعا

ما زلتُ أقنعُ قلبي،

أنَّ عَاصفةً

مِن الغيابِ سَتهْدا،

ثمَّ ما اقْتنَعا


وأنّهُ خَلْفَ هذا الحزْنِ

مُتّكِئُ

دهْرُ على صَبْرِهِ،

إنْسانُهُ سَجَعا

صُروفُهُ ناسياتٌ ما يُعكّرُهُ

وليْلُهُ هَادِئٌ،

مِنْ سُهْدِهِ نُزِعا


يُؤسّسُ الحبَّ بيتاً في مشاعرِهِ

ويذْبحُ الخوْفَ

إرْضاءً لمَنْ فَزِعا

يصيرُ وَرْداً

لمَنْ أشْواكُهُ اجْتَرَأَتْ

على هَواهُ..

وفي نـيْرانِهِ وَقَعا



بنفْسِهِ شاعرٌ،

ما زالَ يَشْغَلُهُ

عَنْ لوْعةِ الفقْدِ لفْظٌ يرْسمُ الوَلَعا

ما زِلْتُ أُقْنِعُ قَلْبي،

مُذْ بدا طَلَلاً

مِنْ كلِّ مَنْ أطْفَؤوهُ كُلّما سَطَعا


نُحَاذِرُ الحبَّ سَهْماً

أو نموتُ بهِ

في الحالتيْنِ.. هوانا لَمْ يكُنْ بَشِعا

نراوِدُ الحزْنَ عَنْ أسْمَى مَدَاخِلِهِ

ولا يَهُمُّ.. دخَلْنَاهُ أمِ امْتَنَعا


نُحَاولُ السّيرَ عُكّازينِ مِنْ أمَلٍ

ولا وصولٌ،

سَيكْفي أنْ نسيرَ معا!!

# شُرودٌ في مَرايا الوَجد

ضَبابيٌّ

كقَلْبكَ في الحَكايا

ومَكْسُورٌ

بما تُخفي المَرايا


ومَشْدُوةٌ

كسيّدةٍ عَجوزٍ

تُهَنْدمُ

عمْرَها المَحْزونَ نايا

وتسْقي

سُنْبلاتِ القلبِ ممّا

أراقَ الحبُّ

مِنْ دمْعِ الصّبايا


تُرقّعُ

شالَها المفْتورَ شَوقاً

فكمْ

خرَقتْهُ أسْيافُ المَنايا

تُعِدُّ طَعَامَها

والوجْدُ نارٌ

وتشْرَبُ

مِنْ أسى الأيّامِ شايا


ولا ترتاحُ إلا في بُكاها

كأنَّ دموعَ وَجْنتِها هَدايا


تصالحُ دمعتينِ على غِناها

وتذرفُ غنوتينِ على هوايا

ولاذتْ خلفَ بابِ الصبرِ حتّى

لَتحْسَبُها خَلاصاً في الرّزايا!


تسيلُ خُطًى مُجرّحةً وتَهوي

كجُلْمودٍ.. فتلْقُفُها يدايا


هناك وراءَ جرحٍ ما رأتني

تدورُ بيَ الحقيقةُ كالرحايا

فلا سَكتتْ صُروفٌ عن قتالي

ولا لمعَتْ نجومٌ في أسايا


هناكَ ولستُ أذكرُ أنّ قلبي

تقمّصَ دَوْرَهُ غيرُ الضّحايا


وأنّ مسَافةً لمْ تألُ بعداً

وطاردَ ذئبُها صَيداً سوايا!

سلاماً كنتُ أُورقُ في غرامٍ

وطعناً كان يوغلُ في حَشايا


مُضيّعةٌ دماءُ الحبِّ

ما لم يكنْ حبّاً

أُسَلّفهُ دمايا


بكلِّ هوىً درامِيٍّ تراني

ولي بيتٌ بأنْدلسِ السجايا

أذودُ عن الجراحِ

لعلَّ جرحاً

غداً يحْمَرُّ وَرْداً بالحنايا


سأسْقطُ غيمةً في كلِّ صَادٍ

وتوشكُ أنْ تفارقَني سمايا


أذوبُ بكلِّ معنىً شَاعريٍّ

ولستُ أهُشُّ دمْعاً عن بُكايا

أثِفُّ كقرْصِ شَمسٍ في البَراري
وأغربُ، لم يخُنْ ليلي ضُحايا


كأرْهَفِ «سَائحٍ في اللهِ» أمْشي
ولا مَوّالَ لي إلّا (عَسَايا)


وسوفَ أموتُ، شَاكلتي كشِعْري
غريبينِ اسْتفاضا في الحَكايا

سأقْطعُ شَارعَ الدّنيا كحُرٍّ

أُذيقُ المَوْتَ أيّامي السّبايا


بخفّةِ طَائرٍ لمْ يلْقَ عُشّاً

أرفْرفُ في الغيابِ ولا وَصَايا


أُقاسمُ ريشةً في الرّيحِ شَدْواً

وألْقي للعَصافيرِ التّحايا

# مِنْ أغاني الظّمَأْ

يُخَيّلُ لي

يا حُبُّ أَلَّا أَحِبَّةٌ

وأنْ شَاعِرٌ

للوَجْدِ يَطْبخُ قلْبَهْ


يُغنّي،

كأنَّ الحُزنَ أَمْهَلَ صَوْتَهُ...

مَسَافةً ما تُحْصي السّعادةُ ذنْبَهْ!!

وييكي،

كأنَّ الدّمْعَ صُورَةُ غيمةٍ...

تُطَمْئِنُ عَطْشَاناً،

وتغْسِلُ رُعْبَهْ



حَكَى ورْدُهُ للناسِ...

قصّةَ شَوْكِهِ،

وكيفَ على الأَحْزانِ عَوّدَ حُبَّهْ

وكيفَ تخَلّى الحُلمُ عنهُ كصَاحبٍ

فصارَ وَحيداً،

والمَعيشَةُ صَعْبةٌ


وعَنْ كيفَ وَافتْهُ المَنيّةُ

مَرّةً

وكيف يصيرُ الموتُ أوّلَ رَغبَةٌ

غَريباً...

كطيفٍ لا يطُولُ بقاؤهُ،

شَجِيّاً...

كصَبٍّ حين وَدَّعَ صَبَّهْ!


تكَبَّدَ فَرْداً طَعْنةَ الشِّعْرِ،

ثمَّ لمْ

تُنِرْ شَمْعةٌ ــ إلا القصيدةُ ــ درْبَهْ!!

يُسَامِرُ نَجْماً...

لَمْ يَزَلْ بحنينِهِ مُصَاباً،

ولمْ يلْقَ المُصَابُ أطِبّةْ


فمَهْما تسلّى عَنْ هواهُ.. يَعُدْ لهُ

ومَهْما تعَذّبْ.. لمْ تَفُتْهُ مَحَبّةُ!!

# لأنَّ سماءَ الصبابات أرحبُ..

يُحْكى لهُ...

شَاعرٌ مِنْ شِعرِهِ انْفَطَرا

لا يَقْرَبُ اللحْنَ..

خَوْفاً يُقْلِقُ الوَتَرا


مِنْ قلْبِهِ...

ابْتَدَأ العِرْفانُ رِحْلَتَهُ

وكانَ وَجْهُ الأسى

في ليْلِهِ القَمَرا

لمْ يَدّخِرْ للغيابِ المُرِّ

سُكّرَهُ

ولا يَلومُ على أيّامِهِ... الكَدَرا


يُغالبُ الحُبَّ حبّاً،

ثُمَّ يَسْكُنُهُ

مِنْ أينَ جَاءَ؟!

وكيفَ اجْتَاحَ واسْتَعَرا؟!

لمْ يُنْسِهِ الحُزْنُ...

ما خَلَّت أحِبَّتُهُ

وكيفَ كانَ

يُحبُّ الليلَ والسَّمَرا


يَكَادُ يَخْشى على أيّامِهِ...

غَدَهُ

ألَّا يَجيءَ

كما في بَالِه خطَرا

في قلْبِهِ...

سُنْبُلاتٌ للهوى ادُّخِرَتْ...

لكُلِّ مَنْ أخَذَوا

مُذْ هَاجَروا

المَطَرا


يقولُ للغيْمَةِ الحَمْقاءِ:

كانَ هُنا...

وَرْدٌ جَريحٌ

سَقتْهُ دَمعَةُ الشُّعَرا

يقولُ للريحِ:

هذا دَرْبُ مَنْ رَحَلوا

فهلْ تشينَ

بشَوقي حينَ فيهِ سَرَى؟!


يقولُ للشِعْرِ:

يا شعْرُ اكْتفيْتُ أسىً

ما زلْتَ تنْسِجُ...

مِنْ أوْجَاعِيَ الصُّورا

ولا يزالُ خَيالي وَارِفـاً

كفتىً

يُرَطّبُ الحُزْنَ...
تَمْراً في فَمِ الفُقَرا


يَموتُ غَـمّاً

إذا مَرَّ المَسَاءُ سُدىً

ولمْ يَكُنْ...
شَهْقةً في صَدْرِ مَنْ سَهِرا!!

يَسْتَأْنِسُ الوَجْدَ حيناً

لو يَمُرُّ بهِ

كأنّهُ

مِنْ زَمَانٍ مُرْهَفٍ

حَضَرا


وكانَ في لَمْحَةٍ

تَخْضَرُّ دمْعَتُهُ...

على انْكِسَاراتِهِ

لمْ يَبْدُ مُنْكَسِرا!!

قدْ غابَ عَنْهُ...

سوى الإنْسانِ في دمِهِ

فيا لِخوْفي

إذا إنْسانُهُ هَجَرا

# رَجلٌ على أُهْبةِ الانتظار

«كلُّ ما يفعله الانتظارُ
هو مُراكمةُ الصدأ فوق أجسادنا وأرْواحنا»..

إبراهيم نصر الله

لِغَدٍ يُصدّقُ ما رَوتْهُ ظُنونُهُ،

رَجُلٌ...

تُلامُ على الحياةِ شُجونُهُ


في أوّلِ الأحْزانِ تنْبتُ دمْعةٌ،

ولكم تنامَتْ بالدّموعِ غُصونُهُ!

لم يقْترفْ ذنباً سوى...

إغوائهِ بالحلمِ،

كي تخْضرَّ فيهِ سُنونُهُ


خَفْقٌ بقلْبِ المَاءِ

في صَحْرائهِ،

وظِباهُ...
مِن عَطشٍ إليهِ.. تُدينُهُ

أقْمارهُ الماضونَ في أكوانِهِ
تعِبَتْ،
وكم نورٍ هناكَ يخونُهُ


مُذْ أوْرثوهُ السّجنَ
من أيّامهِ،
وكأنَّ أبصارَ الأنامِ...
سُجونُهُ

ترْنو فتنْتفضُ الحياةُ،

كأنّها جيشٌ،

وقاسيةٌ عليهِ حُصونُهُ


وكأنَّ (يوسفَ)

ما تقادمَ سِجْنُهُ،

«وكأنَّ لمْ تسعِ الزّمانَ قرونُهُ!!»

وكأنّما الأيّامُ..

ترْوي جُرْحَهُ

عن كلِّ ما اجْتهدَ الحِمَامُ يُبينهُ


عن نِسْوةٍ في الغيبِ..

لم تقطعْ يداً؛

إلا وجزَّ الحسْنَ منْهُ.. أنينُهُ


عَنْ ثيّباتِ الوهْمِ في أهْوائهِ

شَبقٌ....

تنامُ على رؤاهُ عيونُهُ

عن غَادةِ الحبِّ المُضاءِ بحزنهِ...

لغةٌ تُفسّرُ ما يشاءُ حنينُهُ


عَنْ غَارقٍ في الخوفِ،

عَنْ (ذي نُونِهِ)،

ومُضَيّعٌ في قلْبِهِ يقْطينُهُ

عَنْ هَمِّ (إِبْراهيم) في تصْديقِهِ...

وحْيَ السّماءِ،

ولمْ تشأْ سِكّينُهُ


عن قُدْسِ نبْضتِهِ،

وآخرِ غيْمةٍ...

بالرّوحِ تُمْطرُ

كي تكفَّ منُونُهُ

نايٌ بحزنِ الدّهرِ يعْزفُ قلْبَهُ،

والعمرُ لحْنٌ...
لم تُطقْهُ لحونُهُ


شَحّاذُ ضَحْكتِهِ،

يتيمُ غنائهِ، جرْحٌ...
تُحلّقُ في سماهُ طُعونُهُ

ستظلُّ ترْعدُ بالحقيقةِ ذاتُهُ،

ويظلُّ يشْهقُ بالرؤى تكْوينُهُ


وتظلُّ في ركْنٍ بعيدٍ روحُهُ...

رهْنَ انتظارٍ ما،

وذاكَ رهينُهُ

# سُقْراط

ولَـدٌ يُحدِّقُ،

والمدَى يحْتاطُ،

أمْشي إليَّ،

وما هناكَ بَلاطُ



ستُفلْسِفُ الأيّامُ

وقْعَ دموعِنا

لنُدانَ بالدّمعاتِ يا (سُقْراطُ)

سَقطتْ عن الأحزانِ

كلُّ ذنوبِها،

وبقيتَ وحْدَكَ

ذنبُكَ الإسْقاطُ

كم حَاولَ النسيانُ فيكَ

وعادَهُ

مِنْ بعد ما اعْتدتَ الأسى إحْباطُ

ستسيرُ وحْدَكَ

أنتَ وحدَكَ يا فتى،

وطريقُ مَنْ أَلِفَ الغيابَ... صِراطُ


ليمرَّ فيكَ

الحبُّ مثلَ قيامةٍ...

دوماً تـجيءُ،

وما لها أشْراطُ

ويمرُّ قلبٌ ما

يجرُّ جراحَهُ،

وتُقرُّ نزْفَ جراحِهِ الأسْواطُ


ويمرُّ أوّلُ مَنْ تأبّطَ حزنَهُ

وتخونُ حزنَ صِحابها الآبـاطُ

ويمرُّ (درْويشٌ)

بصُحْبةِ شِعْرِه

وتمرُّ

تُنْكِرُ شِعْرَهُ (الأسْباطُ)


ويمرُّ كلُّ الناسِ

ملْءَ عذابِهِمْ،

ولكلِّ قلبٍ

في العذابِ نِياطُ

# وَجهٌ مُشْتَهى للحُزن

خُذْني إليكَ ـ بورْدَتينِ ـ خَريفا
ما كانَ أثْقلَ أنْ تَموتَ خَفيفا


سيكونُ موْتُكَ
ـ عَنْ حياتِكَ ـ رَحْمةً
فالمُوْتُ
يرْحَمُ مَنْ أتاهُ ضعيفا

جَرّدْ عَذابَكَ

ـ مِنْ عَذابِكَ ـ

رُبّما كانَ العَذابُ...

مُصَدّقاً وشريفا!!


ولرُبّما

ناجَاكَ حُزْنُكَ ما بهِ،

وعَرفْتَ أنَّ الحزنَ ليسَ مُخِيفا

أو مَرّةً

ـ والقلبُ يَسْهرُ ليلَهُ ـ

واسَاهُ حبّاً وافْتَداهُ نزيفا


كمْ دَمْعةٍ

ذُرِفَتْ على أعْتابِهِ!

أوْ كمْ حَزينٍ لا يَمَلُّ وقوفا!

طوبى

لِمَنْ قدْ يخْبزونَ جراحَهمْ

أوْ يأْكلونَ أسَى الحَياةِ رَغيفا


يا ربُّ،

لمْ تَخُنِ القصيدةُ حزْنَها

فاكْتبْ لها...

حزناً يكونُ عَطُوفا

# الجُوديّ

وغِيضَ مائي،

ولمْ تظمأْ لهُ الرّوحُ

ولا أزَالُ

بلا جُوديٍّ يا (نوحُ)


آويْتُ للحُبِّ،

قلْتُ: الحُبُّ يعْصِمُني،

وليسَ يقْوى على ذا الحزْنِ...

تفْريحُ

هَوْجَاءُ جُرْحِكَ..

والأقدارُ سَاريةٌ،

فقد يهونُ على الطّوفانِ

مَجروحُ


لم ألْتقطْ نفَساً...

إلّا وبي نَفَسٌ

كأنّهُ لانْتصارِ المَوْتِ

تلْميحُ

كانَ الذي كانَ...
مِنْ نَزْفٍ ومِنْ تَعَبٍ،
وخَانتِ الليلَ في عيني...
المَصَابيحُ


وخَلَّفَتْني...
شريداً مِلْءَ حَيرَتِهِ،
كذلك القلبُ مُذْ...
أوْدَتْ بهِ الرّيحُ

وأدْخَلتْني بلاداً لا أُنَاسَ بها،
وثَمَّ أخْيلَةٌ قالتْ لهم:
فُوحوا..


وأعْجَبَ الحُلْمَ..
أنْ ينْدَسَّ في رِئتي،
ولمْ يكُنْ بعْدُ للأحْلامِ...
تصريحُ

وزادَني لوْعَةً...

أنَّ الرّفَاقَ نَسُوا،

وصوْتُ ذاكرةِ الأيّامِ...

مَبْحُوحُ

أمْضي وحيداً،

وأسْرارُ الغيابِ معي

لعَلّهُ الشّوقُ...

في العَينينِ مَشْروحُ

وأسْتفزُّ جراحَ المَاءِ في وَلَهٍ،
فكمْ توَلَّى حَكاياها مَجاريحُ


وكان يكفي...
دموعُ الغيْمِ تُطْفئُني من الحنينِ،
وتُشْعِلُني تباريحُ

وكانَ يكفي...
سلامُ الوَرْدِ أسْمَعُهُ
ليعْرفَ القلبُ أنَّ الحبَّ مَسْمُوحُ


كانَ الذي كانَ...
أذْكاراً مُؤجّجَةً،
كأنّنا في يدِ الدّنيا...
تسَابيحُ

# ما يُوجِعُ الطّينَ

«ولمّا قضى التوديعُ فينا قضَاءَهُ
رجعْتُ، ولكن لا تسَلْ كيف مَرجِعي!!»
بهاء الدين زهير

لمْ يَنْوِ حُبّاً

في قَرَارةِ ما بهِ

أَبَداً

ولا خَطَرَ الغَرامُ بقلْبِهِ


لمْ يعْتَقَدْ بالحزْنِ أنّهُ غَافِلٌ

عَنْهُ، لهذا

لمْ يَحِدْ عَنْ دَرْبِهِ

لمْ يُشْفَ مِنْ حُبٍّ قديمٍ،

والأحِبّةُ

يا رِفاقُ.. تَجَرّدوا مِنْ حُبّهِ


ذاقَتْ خُطَاهُ الوَجْدَ..

حينَ تيَتّمَتْ قدَمَاهُ،

وانْدَسَّ الحَنينُ بجَنْبِهِ

هوَ وَحْدَهُ،

والليلُ يُشْعِلُهُ جَوىً،

والذَّكْرَيَاتُ...
تَفنّنَتْ في صَلْبِهِ


هوَ وَحْدَهُ،

لا شيءَ يؤْنسُهُ، ولا دمْعٌ،
تُرَافقهُ السّمَاءُ لهُدْبِهِ،

مِسْكينةٌ يا رُوحَهُ،

ومُعَذَّبٌ يا قَلْبَهُ،

ومُسَافِرٌ في رُعْبِهِ


الشّعْرُ صَاحبُهُ الوحيدُ

وجُرْحُهُ؛

فبأيِّ جرْحٍ صَارَ آيةً طِبِّهِ؟!

والحبُّ خَمْرَتُهُ الحَلالُ

وكأْسُهُ...

إنْ ما سعى كَفُّ الزّمانِ لِسَكْبِهِ


أشْواقُهُ مَنْفاهُ..

ثمّةَ غُربةٌ

بالرّوحِ تزْعقُ:

دَعْ هَواكَ لخَطْبِهِ!!

أحْلامُهُ في الرِّيحِ...
مَحْضُ خُرَافَةٍ،
دوْماً يَعِزُّ بِأنْ تَظلَّ بِقُربِهِ


أوْجَاعُهُ
مُتَسَامِحُونَ وطيِّبونَ،
وصَادقٌ هذا الأسى في حَرْبِهِ


هيَ طعْنةٌ أخْرى،
ويُنْصِفُهُ التَّوَجّعُ؛
يصْطفِيهِ كطائرٍ في سِرْبِهِ

هيَ كَرَّةٌ للجُرْحِ،

جُرْحٌ واحدٌ

يكفي لينْتقَمَ النّزيفُ لربِّهِ


«فكأنَّ مَجْزومٌ

هواهُ..، ولم يَزلْ»

يَهْفو بلا أمَلٍ..

للحْظَةِ نَصْبِهِ

شُكراً لإخْوةِ (يوسفٍ)

إذْ بَيّنوا...

كيف المَسيرةُ تَبْتدي مِنْ جُبِّهِ


شُكراً لدَمْعِ الأوّلينَ

وقلْبِهمْ،

مَنْ لمْ يَهِبْ للدمْعِ طينةً قلْبِهِ؟!

# مَقامٌ لحُبٍّ سَرمَديّ

إهداءٌ إلى ابْنِ الفارِض

يُحْكَى كثيراً

عَن الحُزْنِ الذي سَلَكا،

مَنْ قدْ أضَلّوا إليكَ

الخَطْوَ والسِّكَكا؟

في عَوْنِهِ كانَ رَبُّ الحبِّ

حين مَشى....

صَبٌّ،

وما كان غيرَ القلبِ قدْ مَلَكا

هوَ اسْتَقرَّ على الأشْواقِ؛

يصْحَبُها،

مِنْ وقْتِها...
أصْبحتْ أوْجَاعُهُ نُسُكَا




ولمْ تعُدْ سيرةُ الأحْبابِ تؤْنسُهُ...
بقَدْرِ ما ذِكْرُها
في نفْسِهِ فَـتَكا

مِنْ وقْتِها...
لم تكُنْ أشْعارُهُ
بَدلاً عن الحنينِ
إذا ما صَادَفتْ شَرَكا


فقد يكونُ طريقُ الشّوقِ...
مِصْيدةً،
وقد يكونُ قصيدُ الحبِّ مُعْترَكا

لي صاحبٌ قال لي:

إنَّ الهوى قَدَرٌ

يا بخْتَهُ المَرْءُ

لو يوْماً بهِ هَلَكا!


وأنْ أكونَ

ـ إذا حَلَّ الفراقُ ـ فتىً...

كالنّجْمِ؛ يُوجعُهُ

إنْ ضيّعَ الفَلَكا

قذ ظلَّ عُمراً...

تَحوكُ الحبَّ دمْعتُهُ،

وليْسَ يعْرِفُ...

مِنْ أيِّ الجراحِ بَكى؟!


هل كانَ ذنْباً

دعا للهِ يغْفرُهُ؟!

أو كان ثأْراً

وِذا عُذْرٌ لِمَنْ سَفَكا؟!

في أيِّ حالٍ...
رأى بالوَجْدِ مَسْلَكَهُ،
وكُلُّ شيءٍ
سوى إِحْسَاسِهِ
تَرَكا


ولمْ أزلْ وَاقفاً...
أرْنو على شَغَفٍ،
ماذا وراءَ حِجابِ الحبِّ...
لوْ هُتِكا؟؟

# وِجْهةٌ لأحْزانِ الفَرَاش..


«ثمَّ انقَضَتْ تلك السنونُ وأهْلُها       فكأنّها وكأنّهمْ أحْلامُ»

أبو تمام


كبنْتٍ

لا تُطلُّ الآنَ فيَّا،

كسَهْمٍ

خَارجٍ منّي إليّا


كسَيّدةٍ

تُربّي العُمْرَ زيتاً

لقنْديلٍ،

وتُشْعِلُهُ صَبيّا

كحُبٌّ فارغٍ مِن كلِّ حبٍّ،

وحُزْنٍ دائماً

يبْدو عَصيّا



كآخرِ نجْمَةٍ في ليلِ صَبٍّ

جَريحٍ،

لمْ يَجِدْ لهواهُ ضَيّا

أتيتُ،

وكنتُ أُوغلُ في حَنينٍ،

وكانتْ أَدْمُعي تهْفو مَلِيّا



وثمَّ مَسَافةٌ تزْدَادُ بُعْداً،

وكان القلْبُ يبْدو في يدَيّا



وكان الوَقْتُ

أبْطأَ مِنْ نزيفٍ،

وكان الجُرْحُ

أطْيبَ ما لدَيّا!!

كقَلْبِكَ

حينَ تسْألُهُ مِرَاراً...
متى كانَ الأسى رَجُلاً تقيّاً؟!


ومِنْ أيِّ افْتِراقٍ لا تُمنّي...
شَتيتيْنِ الْتقاءً (يُوْسُفيّا)؟!


وكيف يبُوحُ ظلُّكَ للمَرَايا...
وكُلُّ حقيقةٍ تكْويكَ كَيّا؟!

هوَ الوَلدُ المُذابُ بطيفِ بنْتٍ

سَلاماً...

حين لا نمْضي سَويّا


وحينَ يصيرُ ما تهْواهُ...

ذكُرى،

ولمْ يَزلِ الفؤادُ لها وَفيّا

هوَ الدّمْعُ المُسَمّى (لا بدمْعٍ)

ولكنْ نبْعَ شَوْقٍ شَاعِريّا


كناي يسْتريحُ مِن الليالي...

بكيْتُكِ؛

مَنْ إذاً يبْكي عَليّا؟!

# ما تَيَسّرَ مِنْ سُورةِ الشّجن

«لأنّك تعتقد أن الوقت يشفي،
وأن الجدران تغطّي وهذا غير صحيح..»
لوركا

مُذْ فَارَقتْ وَرْدةٌ...

والغُصْنُ مَكْسُورُ،

والصّبْحُ...

لمْ تشْتبكْ فيهِ العَصافيرُ

ما هَوّنتْ ليلةٌ فينا

كعَادَتِها

حزنَ السّماءِ،

ولا غنّى لنا النّورُ

أوْ ضَمّدتْ غَيْمةٌ

جُرْحاً لنرْجِسةٍ،

ولا تَمَشّتْ لها...

أيّامُنا البُورُ


قدْ يَجْرحُ الوَقْتَ

أنّ الشّوقَ أمْهَلَنا

ليكْتوي

بانْتظارِ النّجْمِ ديْجورُ

وقدْ يُسَلّي فؤادَ الحبِّ

أنَّ هَوىً

بهِ تجورُ

على قلبي

الأعَاصِيرُ


كأنَّهُ شَاعرٌ..

مِنْ حَظِّ دمْعَتِهِ

أنَّ القصيدَ أتى،

والحُزْنُ مَسْجَورُ

يا ويْلَهُ القلْبُ

لم يشْفعْ لهُ وَجَعٌ،

ولمْ يتُبْ

عَنْ جِراحِ الخَمْرِ سِكّيرُ


ولمْ تُهْدْهِدْ

عيونُ الغيمِ لوْعتَهُ

كأنّهُ

في خَيالِ الوَجْدِ تصْويرُ

فكُلّما

يبْدأُ النّسْيانُ رِحْلَتَهُ،

تُدَقُّ في رُوحِهِ

هذي المَسَاميرُ!



مَرَّ الشّتاءُ،

ولمْ يأْتِ الرّبيعُ غَداً؛

كأنَّ كلَّ شُهورِ العَامِ (أمْشيرُ)

# ممّا تساقط مِنْ أوْراقِ الضباب

يا بنتُ لا بَدْءٌ هناكَ وبَادئُ،

لا صَائبٌ...
قدْ يقْتفيهِ الخَاطئُ


لا صوتَ للأيّامِ...
وهْيَ تمرُّ بي؛
عمَّ السّكونُ،
وطقْسُ جرْحكِ دَافئُ

لا غُلَّةٌ أضْنَتْ صَحاري روحِنا،

لتكفَّ جَذْوتُها،

ويهْنا الظّامِئُ


لا حزنَ،

لا أوجاعَ تُقْلِقُ نومَنا،

سأنامُ ما سَهرتْ عليَّ لآلئُ

سِلمٌ بأرضِ القلبِ؛

حربٌ وانْطفتْ،

رُوحٌ مُثلّجةٌ،

وحزنٌ هَادئُ



ما كلُّ مَنْ «فقدَ الأحبّةَ» ثاكلٌ،

أو كلُّ مَنْ لاقى الأحبَّة..

هَانئُ

كلُّ تخيّرَ...

أنْ تلوّحَ رايةٌ بيضاءُ...

في وَجْهِ السّوادِ تُواطِئُ


عينانِ شاردتانِ،

تحْبسُ دمْعَها

فكأنَّ طفلاً...

لمْ تسعْهُ مَلاجِئُ

مَنْ أيْقظَ البحرَ الجَسورَ بموجِهِ؟!

نمْ؛

لا رياحٌ تشتهيكَ وشاطئُ



جفّتْ بحارُ (السّندبادِ)،

وقلْبُهُ...

ما حَنَّ أو حنّتْ إليهِ مَرافئُ

أمضى (عَلاءُ الدين) في مِصْباحِهِ
عمراً،
ومِصْباحُ التوَهّمِ نابِئُ


يئِسَ الرّواةُ من الروايةِ،
وارْتحلْتُ،
وغابَ عنْ هَوْلِ الفَجيعةِ...
قارِئُ

من ألفِ ليلٍ تلُو ليلٍ...
نجْتلي؛
كيف الزّمانُ بذي الروايةِ هَازىُ؟!


قلبي تواشيحُ الرجوعِ إلى دمي،
ودمي...
طريقٌ ليس فيه مَبادىُ

ستسيرُ...
ما ظلَّ الظّلامُ بحَاكمٍ،
وتتَوهُ...
ما خانَ المَسافةَ صَابىُٔ


وتدورُ فيكَ الأرضُ...
دوْرةَ حزْنِها،
ويقرُّ خارطةَ النهايةِ...
خَاسىُٔ

وتغيبُ،

لا أنتَ افْتقادٌ جَارحٌ،

أو أنتَ إنْ لُحْتَ

اشتهاءٌ عَابىُ


وأنا ابْتعاثُ الحبِّ

حينَ يُميتُنا

فكأنَّ هذا الحبَّ...

موتٌ بارىُ

يا بنتُ...

كاذبةٌ نبوءةُ حبِّنا،

فمَحَاسنُ الأيَّامِ فيَّ...

مَسَاوئُ

# المُوجَعونَ

حَظّي أسيرُ...

بلا (قُدْسي) (وأنْدَلُسي)

وأنْ أُخَلّى بقلْبٍ

في الهوى تَعِسِ


الفَاتِحُونَ...

فتُوحَ الحزنِ في دمِنا،

واللابسونَ...

وُجُوهَ الليلِ والعَسَسِ

القابِضُونَ...
على أرْواحِنا جَبَلاً،
تكَادُ تسْمعُ...
أنفاسَ الأسى الشَّرِسِ


النّاهِبونَ...
ثرى أحْلامِنا وَطناً،
والكاتمونَ...
صَهيلَ الحبِّ في الفرَسِ

مَنْ يَعْقدونَ لنا الأيّامَ...
أُحْجِيَةً،
وقايَضُونا على الأعْمارِ والنَّفَسِ


ولو أمُرُّ خفيفاً؛
فتّشوا جَسَدي،
وجَرّدوني
مِن الأصْحابِ والوَنسِ

وكُلّما أُشْرِعَتْ في الرّوحِ نافذةٌ،

تحَسّسوا ضوْءَها،

فاكْتَظَّ بالغَلَسِ


ونحْنُ أبْناءُ هذا الحُزنِ

مِنْ زَمَنٍ

وأصْدقاءُ

لحبٌّ غيرِ مُلْتَبِسِ

وشاعِرُون...

بلا وَزْنٍ وقافيةٍ،

وشَاربُونَ...

سُلافَ التِّيهِ والخَرَسِ


ومُتْعَبونَ...

كأطْيارٍ مُسَافرةٍ...

تعِفُّ عَنْ مائِها المَصْقولِ بالْيَبَسِ

نُصَافِحُ البَحْرَ

في أوْقاتِ عُزْلَتِه

ونقْتفيهِ لأقْصى مَوْجِهِ السّلِسِ



«وعاشِقونَ قُدامَى»

كلَّما نَزَفَتْ فيهم جراحٌ،

تولَّوا سِكّةَ الهَوسِ

وواقِفُونَ

على أطْلالٍ بِسْمَتِنا

نُقَلّدُ الحزْنَ عمراً شِبْهَ مُخْتَلَسٍ


وغَائِبُونَ،

كأنَّ اللهَ أَنْبَتَنا

مِنْ طينةٍ أفْلَتَتْ

مِن وَطْأةِ الحَرَسِ

وحَاضِرُونَ...

كأفْراحٍ مؤجَّلَةٍ

ومُنْتَهُونَ...

لِما في القلْبِ مِنْ قَبَسِ

# جُرْحُ الفراديسِ

إلى قِبْلَتِنا الأَعَزِّ وجُرْحِنا الأَعْمَق..

شهيدُكِ،

لا دماءٌ في ثيابي

ولا دمْعٌ تَهَاوَى في انتحَابي


شهيدُكِ،

يكونُ الحزْنُ أقسى قدْ

مِن الطّلقاتِ وَقْعاً بالمُصَابِ

وَدمْعتُكِ المُرَاقةُ، مِنْ قديمٍ
على خَدِّ التّوَجّعِ والعِتَابِ


وزَفْرَتُكِ المَريرةُ في صُدورٍ
تَكِلُّ،
ولا تَكِلُّ مِن الصّعَابِ


وجُرْحُكِ
يا مُقَدّسَةَ الجِراحَاتِ مُذْ
كانَ النّزيفُ بلا حِسابِ

ووَرْدُكِ..

لوْ عيونُ الوردِ تحْكي

سَتحْكي عَنْ رَحيقِكِ،

واحْتطابي


وكلُّ مَواجِعِ الأشْياءِ تثْرَى

عليكِ..

وأنتِ شَاهِقةُ العَذابِ


تلوحِينَ.. افْتقاداً عَبْقريّاً

وأزْدَادُ اغْترَاباً في اغْترابِ

وأحْتَرِفُ المَسَافةَ كلَّ يومٍ

وآهٍ..

لوْ تَودّينَ اصْطحابي!!


كما لوْ لمْ أكُنْ يوْماً مُحبّاً،

أحبّكِ في الحقيقةِ والسّرابِ


كما لو لمْ أكُنْ

مِنْ قبْل.. أسْتَلُّ قلْبي

مِنْ طَواحينِ الغيابِ

أتيتُكِ

يا فراديسَ العَذابَاتِ

يا كلَّ اصْطلاحاتِ انتْحابي


أتيتُ إليكِ..

مَكْسُورَ الحَكايا

ومُحْتَشداً بأوْجاعِ الخِطابِ


وخَجْلاناً..

لأبْعَدِ ما تشفُّ المَجازاتُ

المليئةُ بارْتيابي

ومَحْزوناً.. لأوْجعِ

ما تكونُ البسَاتينُ

ارْتحَـالاً لليبـابِ


تلوحينَ اشْتعَالاً

لا أُسَمّيهِ..

غيرَ توَهّجِ القُدْسِ المُصَاب


وأجْمَلِ سوْسَناتِ اللهِ.. عَزْفاً

على وَتَرِ الدّعَاءِ المُسْتَجَابِ

دَخَلْتُكِ..

عَبَرَ جُرْحِ الحزْنِ ليلاً
وكنْتِ تُضَمّدينَ أسَى الرّوابي


وكانَ القلبُ يشْهدُ موتَ طفْلٍ
(بغزّةَ)، ثمَّ يشْردُ عنْ رِكَابي


سَمِعْتُكِ..

تألّمِينَ بكلِّ عِزٍّ
ووَحْدُكِ تسْقُطينَ على السّحَابِ

وشُفْتُكِ..

تطْرُقينَ الصّبْرَ باباً

أيا طَرْقٌ يليقُ بكلِّ بابِ


دخَلْتُكِ غيرَ أنَّ الحَظَّ يأبى

لقاءَكِ.. دونَ مَائكِ وانْسكابي!!


بعيدٌ.. عَنْ عيونِكِ يا عيونٌ

حبَاها اللهُ أسْرارَ العُبابِ

وأقْرَبُ ما أكونُ الآنَ شوقاً

لأغْرَقَ..

في أعَاصيرِ انْجذابي


مَشَيتُ إليكِ..

مُكْتَظَّ الصّبَابَاتِ

مَسْكُوناً بأشْبَاحِ اضْطرابي


أحثُّ خُطايَ

نحْوَكِ فاسْمَحي لي

لأدْخُلَ صَرْحَ جُرحِكِ بانْسيابِ

وكوني

ضِحْكَةَ الأشواقِ حتّى

أُسَرَّ،

ولوْ خَيالاً باقْترابي


على مَسْرى «النّبيِّ»

أرَقْتُ قلبي

وَذُبْتُ جَوَىً،

سَكِرْتُ بلا شَرابِ

بَكَيتُ..

ولمْ يكنْ دَمْعٌ بخَدّي

ولكنْ كُنْتِ..

يا «قَصْدَ الذَّئابِ»



سَتَبْقَينَ اشْتهاءً..

صَارِخاً بي

مُقَدَّسةً..

كفَاتحةِ الكِتابِ

# مُعْجمُ النّايات..

ستهْفو دمْعَةٌ

للخدِّ – تهْفو،

مساءُ الدّمْعِ،

إنَّ الدمْعَ عزْفُ


كنايٍ ضَلّهُ في الروحِ لحنٌ،

ليمْطرَ من غناءِ الروحِ...

نزْفُ


أتيتُ لتحْضنَ الأشواقُ قلبي،

فشوقُ الأرضِ من شوقي يُشفُّ

وصفْتُ صبابتي،

ورسَمْتُ وجدي،

وما وَفّى لهذا القلبِ وصفُ


تُناجيكَ الحياةُ،

ولا حياةٌ...

لمَنْ ناداهُ كي يحْياهُ خوفُ

لقافيةٍ...
بحزْنِ الدهْرِ تأتي،
تحنُّ الروحُ،
والأوْجاعُ إلْفُ


لآخرِ وردةٍ في البال تبْقى...
إذا مسّتْ ورودَ الصبِّ...
كفُّ

لكلِّ حقيقةٍ ستفرُّ منها،

وتفْضحُكَ القصيدةُ...

وهْيَ تقفو


سأخْرجُ من عباءةِ (سندبادٍ)

من الوهْمِ الذي ما فيهِ سقفُ


من البوحِ المكبّلِ في دمائي،

من الحزنِ الذي بالقلبِ يطْفو

من التاريخِ،

يا تاريخُ قلْ لي...

بأيِّ هزائمٍ يصْلاكَ ضعْفُ؟!


(لأندلُسٍ)

ستذبحُكَ المرايا

(لقدْسٍ) أساكَ،

والنسيانُ كهْفُ

(دمشْقك)

إذ تنادي يا (دمشْقي)،

ستخْجلُ من ندائِكَ...

إذْ يجفُّ


(وبيروتُ) الجريحةُ حينَ مرّتْ...

وأنتَ تذودُ عن حُلمٍ يَهِفُّ


(ومصْرُ)

شهيدةُ الحبِّ المُعَنَّى،

ومِقْصلةُ الّذينَ بهِ اسْتَخفّوا

(وعَنترةُ)

وأنتَ تراهُ يمْضي بعيداً...

عنْ عُروبتِنا يعِفُّ


إلى (النعْمانِ) راحلةُ الثّكالى،

فنوقُ هواكَ ما عادتْ تُزفُّ


فما عرَفتْ لكَ البيداءُ نصْراً،

ولا ليلٌ ولا رمْحٌ وسيفُ

فدعْ عنكَ القصيدةَ حين تُفْضي...

لكلِّ هزيمةٍ،

والشعرُ زحْفُ


إلى النايات شوقٌ مُعْجَميٌّ،

لنكْشفَ نزْفَنا،

والجرحُ كشْفُ


(كعشْتارٍ) تُحَدّثُ بابليّاً

جماليّاً

بقذرِ أساهُ يعْفو

يُهنْدمُ نايَهُ المفطورَ دمْعاً،

عسى دمعاتهُ شيئاً تخفُّ


مساكينٌ دموعكَ يا ضنايا،

فإنَّ زمانَ هذا الناي...حتْفُ


فقرّبْ،

واخْلع النعْلين حبّاً،

فواديكَ المقدّسُ ها يَحِفُّ

ودَعْ عينيكَ

تسْرَحُ في التجلّي

وأنتَ

بطورِ هذا الحُلْمِ تصْفو


ونَمْ كالمُتْعبينَ...

بلا همومٍ

كأنّكَ..

فوقَ كفِّ الغيْمِ تغْفو

على مَهلٍ القصيدةِ...

كم جريحٍ...

يباركُ خطْوَهُ للجرحِ...

حرْفُ


فإمَّا كنتَ للناياتِ لحناً،

فإنّي عنْ سماعِكَ لا أكفُّ

# طَلَلٌ بذاكِرةِ الغريب



بأسَى (بِلالٍ) كمْ نُكَفِّنُ مِئْذَنةْ،

يا دَمْعةً

تنْسابُ عَبْرَ الأزْمِنَةْ


يا يَقْظَةَ العِرْفانِ

في أوْجَاعِنا،

وطَلاقةَ الأحْزانِ

وهْيَ مُهيْمِنَةْ

يا قَسْوةَ الذِّكْرى،

وطيفَ رحيلِهِمْ،

يا لُثْغَةَ الطّفلِ الذي

لنْ تحْضُنَهْ!!


يا حُزْنَ (مَرْيمَ)

في سَرِيرةِ شَاعرٍ،

هُزّي بجذْعِ الشّعْرِ

كي نسْتوْطِنَهْ

سَمِّي قصَائدَنا الجَريحَةَ

باسْمِنا

فقصائدُ الغُرَبَاءِ غيرُ مُعنْونَةْ


في الشّوْقِ نُصْبحُ كالعُراةِ،

ولا عَزاءٌ

للقلوبِ المُولَعَاتِ المُوهِنةْ!!


لم نقْترحْ للحبِّ

شَاكلةَ الأسى،

فالحبُّ يعْرِفُ كيفَ يُدْركُ مسْكَنَهْ

ما قلْتُ للنسْيانِ:

كيفَ هَزَمْتَني؟

وتركْتَ هذا الحُزنَ يبْلغُ مَأمَنَهْ!


ما بُحْتُ للأيّامِ

عمّا نَجْتلي

بالعُمْرِ،

حينَ العُمْرُ يُسْرقُ في سَنةْ!!

لا سرَّ تكْتُمُهُ لديْكَ،

فكُلُّنا

بوَحٌ مَريرٌ

لم تُطِقْهُ الألْسِنَةُ



في البدْءِ رَاوَدَنا الغيابُ،

وصَدّنا

عَنْ كلِّ أسْبابِ الحنينِ المُمْكِنةُ

لتُنقَدَّ قُمْصانُ الأحبّةِ في دمي،

ويَكُفَّ عَشّاقٌ

وتذْبلَ سَوْسَنةٌ


فبكلِّ سجنٍ فيكَ

يُطْرَحُ (يوسفٌ)

وبكلِّ داجيةٍ نُحَرّرُ أعْيُنَه


في البَدْءِ...

لمْ يَكُنِ الخِتامُ ببالِنا

فنهايةُ الأشْياءِ دوماً مُحْزِنةٌ!!

# كقلبٍ طَاعِنٍ في الشّوْق

أخْشى مِن الهَجْرِ..

قلْباً كالذي أخْشى؛

مُرّوا خِفَافاً،

فكُلّي لْلجَوى مَمْشَى


أنْسَلُّ مِنْ...

شَغَفِ الأشْياءِ حينَ غدَتْ...

يتيمَةً،

وكذا نسْتوْحِشُ العَيْشا

أضيعُ مِنّي...
كطفْلٍ صارَ دونَ أبٍ،
حتّى تراءتْ لهُ أيّامُهُ...
وَحْشا


ماذا أكونُ؟!
بلا وَرْدٍ أُحَدّثُهُ...
عنِ الرّبيعِ،
وعنْ ماءِ الذي رَشّا

ماذا أكونُ...

وأصْحابُ الفؤادِ مَضَوا

بلا رُجوعٍ

وخَلَّوا حبَّهُمْ نقْشا؟!


وكيفَ طفْلةُ إِحْساسي...

تُكَلِّمُني،

وطيرُها...

أوْصَدوا في وَجْهِهِ العُشّا؟

وبي مِن الخَوْفِ

آبادٌ لأعْبُرَها،

وغرْبةٌ...

مِنْ قديمٍ

ليلُها يغْشى


وأغْلبُ الظَنِّ

أنَّ التِّيه بَوْصَلةٌ

لمَنْ يسيرُ بقلْبٍ

نازِفٍ أعْشى

وَلَسْتُ أُوقِنُ

أنَّ النّاسَ أفْئدةٌ،

وهُمْ يُسمُّونَ أوْجَاعَ الهوى...

طَيْشاً!!



وأصبَحتْ فكْرةُ النّسْيانِ...

تُعْجبُهمْ،

كأنّما الوَجْدُ...

عَنْ أسْرارِهِ أفْشى

# سيرةٌ للوَجْد..

قلبٌ يُعَسْكِرُ في أرْجائِهِ اليَأْسُ،

يَقْسو عَليَّ،

وطَبْعُ القلبِ لا يقْسو


كمْ حَرَّقوهُ بنارٍ

في مَبَاعِدِهمْ!

وليْسَ تفْلِتُ مِنْ نارِ الهوى نفْسُ


يمْشي على سيْرةِ التَّحْنانِ في دَمِهمْ

عسَى يَرقُّ لهُ في جُرْحِهِ حِسُّ

يقولُ:

ما لي سوى تَذْكارِهِمْ لغةٌ،

وما تَحَدّثَ قبلي مِثْلَها إِنْسُ


وما تَكبّدَ هَمَّ الحبِّ مثلُ فتًى

تكادُ

تطْلعُ مِنْ آلامِهِ شَمَسُ

يُقَاوِمُ الأمْسَ

تَيَّاراً.. يُجَاذبُهُ

وكُلّما قالَ: أنْسى..

مَسَّـهُ أمْسُ!!


يُهدْهدُ الحُلمَ

حينَ الحُلمُ يُغرِقُهُ

كمَرْكبٍ

ما لها شطٌّ بهِ ترْسو

يَخُصُّ

في طُرقِ الأوْجَاعِ خُطْوَتَهُ،
وما تَمَشَّى إلى أحْزانِهِ عُرْسُ

# أبْجَديّةُ المَوْتِ والعُزْلَة



لعَلَّكَ تلْتقي بالمَوْتِ

ما لمْ تلْقَهُ حَيًا

وعَلّي أُوقِظُ الأشْياءَ

مِنْ أَبَديّةِ الدّنْيا

وفَلْسَفتي كما قلْبي

تُفَسّرُ وحْدَها الرُّؤْيا

رأيتُ غَزَالةً تبْكي

يُكفْكِفُ دمْعَها ظَبْيُ،

ومَاشِيةً بوادي الحُزْنِ

كم يشْقى بها السّعْيُ!

حِصَاناً شوقُهُ نَايٌ

وقدْ غَنّى بهِ النّأْيُ!

لِسَوْسَنةٍ تُحَدّثُ وَرْدةً

حَيْرى بشَوْكَتِها

أكانَ الشّوْكُ حِيلَةً

عَاشقٍ يَصْبو للمْسَتِها؟

وما في العِشْقِ من حِيَلٍ

سَتُطْفئُ نارَ حَيرَتِها

بحَضْرةِ عَينِ مَنْ بالدّمْعِ

يقْرأ سُورَةَ الظّمَاِ!!

أشَاءَ أسَالكَ ما تلْقى

ورُوحُكَ بَعْدُ لمْ تَشَاِ؟!

فكيفَ يعودُ هُدْهُدُنا

ويفْلِتُ مِنْ هوى (سَبأِ)؟!

تسَلَّلَ في الغيابِ القلْبُ

كالصّفْصَافِ وانْدَسَّا

وآثرَ أنْ يظلَّ هناكَ،

مِنْ أحْبابِهِ يَئِسا

وكلُّ مَحبّةٍ تغْشاهُ

لمْ يسْرِجْ لها فرَسا

تَذكَّرَني الذي أنسى

وحَدَّثني الذي في المَهْدْ

سأمْضي عنكَ مُعْتَزِلاً

كمَنْ أسْقامُهُ تشْتَدْ؛

أليس الحُبُّ ما تُفضي

عيونُ خَميلَةٍ للوردْ؟!

بَعُدْتُ، وذُقْتُ ما يكْفي

مِن الأوْجَاعِ والأبْعَاذْ

قرأْتُ حِكايةَ الأرْواحِ

حينَ تفَارقُ الأجْسادْ

رسَمْتُ بغُرْبتي وَطَناً،

يموتُ ليُبْدعَ الميلاذْ!!

وأنْتَ تَذوقُ أيّامي

وتفْضَحُ نفسَها الغُرْبَةْ

لعلَّكَ قدْ تدُسُّ إليَّ

بعْضَ الحُبِّ في عُلْبَةْ

لصَبٍّ عَلَّهُ يلْقى

حبيباً يَقْتَفي قلْبَهْ

أنا ليلٌ، وأغنيةٌ...

طَواها الحُزْنُ والمَنْفى

أنا تلْحينُ قلبِ المَوْتِ

لحْنَ غَرَامِهِ الأوْفى

وقَارِئةٌ لكفِّ العمْرِ

تقْرأُ عُمْرَنا... زيْفا

بكِذْبَتِنا على العِرْفانِ

نذْرفُ دمْعَةَ العَارِفْ

لَهُ تخْليدُ ذكْرِ الحبِّ،

لي تكْوينُهُ الزّائِفْ

ولي ما ليسَ للعَزْفِ

الذي يَغْتالُهُ العَازِفْ

لِيهْدأَ كُلُّ ذي شَكٍّ

ويُقْنعَ بالجَوى شَكَّهْ

مَليكٌ خَانَهُ جُنْدٌ،

وهَدَّ فؤادُهُ مُلْكَهْ

لقدْ مَلَّ الحُكَاةُ الحَكْيَ

إذْ نزَفَتْ بهِ الأيْكةْ

لآخِرِ ما تَدوسُ خُطاكَ،

حيثُ حَقيقةُ الأرْضِ

وأوّلِ دَمْعةٍ ستكونُ

بعْدَ تَوَقّفِ النّبْضِ

سَلاماً مِن أسَى قلْبٍ

تَفَهّمَ لُعْبَةَ الرّكْضِ!!

# أمْعنَ ناذراً رُوحَهُ للبحْرِ..



لأنَّ مَوْتاً هَنيَّ البَالِ كَلَّلَهُ

تأبَّطَ البحْرَ عَشّاقاً.. فبَلَّلَهُ


وأفْصَحَ الشّعْرُ

عَمَّا فيهِ مِنْ لَهَفٍ

أتى ليسْرَحَ في نقصي ويُكْملَهُ

أتى ليقْطعَ مشْوارً
إلى الكلماتِ
كي يكونَ غرامُ الحرفِ مَقْتَلَهُ


سيوقظُ الموتَ مِنْ أحْلىَ مَراقدِهِ
ليبدأ الآنَ عمْراً.. كانَ أجّلَهُ


ويستعيرُ مْن الأحبابِ دمْعتَهمْ
حتى يؤسّسَ في الأحْداقِ منزلَهُ

يستحلفُ الوقتَ أنْ يرتاحَ في دمِهِ

وكلّما لاحَ هَجرٌ فيهِ أسْدَلَهُ


يرى مواعيدَهُ الأولى مُسَافرةً

نحْوَ القصيدةِ.. عَطْشى كيْ ترتّلَهُ


ولا يَمَلُّ بريدَ الحزنِ كلَّ ضحًى

بالأمْسِ أوْشَكَ شَوْقٌ أنْ يُشكّلَهُ

يقولُ في البحْرِ أبياتاً.. ويحْذفُها

كم أطفأ البحرُ إحْسَاساً و أشْعَلَهُ


توَغَّلَ الآنَ في أقصى سَواحِلهِ

ووحْدَهُ الحبُّ نسْتجْدي تَوَغَّلَهُ


وصارَ أكْثرَ إخْلاصاً لغُربْتِهِ

وكلُّ ضيفٍ ببابِ الرّوح أدْخَلَهُ

مُسْتَأْنِسٌ قَلْبُهُ

باللاوجودِ

كذا

تخفَّفَ القلبُ

حينَ العَيشُ أثْقَلَهُ


ودونَ أيِّ عَناءٍ

صاغَ خَيْمَتَهُ

على شَفا دمْعةٍ

ممّا تحَمّلَهُ

وفي مِزاجٍ سجينٍ

فُكَّ مِعْصَمُهُ

تذوَّقَ المَوْتَ مَشْدوهاً

فأثْمَلَهُ


ومَوْجةً

مَوْجةً

يجتازُ أسئلةً

من الغيابِ

وفي لُطْفٍ تَخَلَّلَهُ

هوَ اسْتَحَبَّ جِوارَ البحْرِ

علَّ ردىً

يكونُ أجملَ ما نشتاقُ

أجْمَلَهُ


لا موتَ في الحبِّ،

أشكالٌ ونسْكنُها

فالموتُ مفتاحُ ما نهْوى تخيّلَهُ

إِسْكنْدريَّةُ تذْري أنَّ عاشقَها
لمّا تزلْ عينُها في البعدِ مَوْئلَهُ


نعم ترحّلَ..
لكن ليسَ تفْقِدُهُ
فقطْ أتاها وحيداً.. كي تُقْبّلَهُ

# فُسْحَةٌ في ضَميرِ الحُزْن

أُرَاقبُ عُمْري،
والليالي سَريعةٌ،
وكمْ خَرَّ ناسٌ
في فؤادي صَريعةٌ!


سَئِمْتُ مِن الأيّامِ...
وهْيَ تقولُ لي:
ضَحايَايَ كُثْرٌ،
والفراقُ طبيعةٌ

أعيشُ بَسيطاً

أو أمُوتُ كشَاعرٍ؛

على كلِّ حَالٍ،

فالحياةُ فظِيعَةٌ


أخافُ مِن النِّسْيانِ

وهْوَ ملاذنا

وأخْشى

إذا ما كانَ ثمَّ قطيعةٌ

أُغازِلُ نجْماً في سماءٍ جريحةٍ،

وتدْفعُني نحْوَ الغِناءِ...

وَجيعةٌ!!


أُفَتِّشُ عَنْ معْنىً

يقيمُ بداخلي

حَضَارةَ حُبٍّ...

لمْ تَطلْها خَديعةٌ

أُسَائِلُ:

هلْ قلبُ الرزايا يحسُّ بي؟!

وهل دمْعةٌ عندَ الجراحِ

شفيعةٌ؟!


وأصْحَبُ حزْني

مُذْ أقرَّ بكُنْهِهِ

ولمْ أُلْقِ بَالاً..

لو أسَايَ شَريعةٌ!!

# الفـهرس